Laurence du Tilly

Craquez pour les tartares !

Du boucher, de la mer, du potager… ou sucrés

Photos : Yves Bagros

MANGO

Sommaire

LE tartare du bistrot

Préparation
15 minutes

Sans cuisson

Ingrédients pour 4 personnes
800 g de bœuf haché du jour
4 œufs extra-frais
50 g d'oignons blancs au vinaigre
50 g de câpres
50 g de cornichons
½ bouquet de ciboulette
2 cuillerées à soupe
de sauce tartare
1 cuillerée à soupe de ketchup
Tabasco®
Huile d'olive
Sel et poivre du moulin

/ Hachez finement au couteau les cornichons et les oignons. Rincez et ciselez la ciboulette.

/ Mettez la viande hachée dans un saladier. Ajoutez la sauce tartare, le ketchup, les oignons, les câpres, les cornichons et la ciboulette. Mélangez le tout, puis assaisonnez selon votre goût en sel, poivre et Tabasco®.

/ Reconstituez 4 steaks hachés. Cassez les œufs en deux, jetez le blanc et gardez le jaune dans une moitié de coquille.

/ Dressez 1 tartare dans chaque assiette. Arrosez d'un filet d'huile d'olive et surmontez d'un demi-œuf.

/ Servez aussitôt.

Bon à savoir !
Chacun peut également préparer soi-même son tartare : dans ce cas, présentez séparément le steak haché, les ingrédients et les sauces. Accompagnez cette recette de frites maison.

6

Tartare de bœuf, gingembre et coriandre

Préparation
15 minutes + 30 minutes au frais

Sans cuisson

Ingrédients pour 4 personnes
600 g de bœuf dans le rumsteck
2 cm de gingembre frais
½ bouquet de coriandre fraîche
2 gousses d'ail
1 cuillerée à soupe de sauce soja
1 cuillerée à soupe d'huile de sésame
1 cuillerée à café de sucre semoule

/ Sur une planche, coupez la viande de bœuf en petits dés avec un couteau bien tranchant (pour plus de facilité, placez votre viande au congélateur 10 minutes auparavant). Mettez-les dans un plat creux.
/ Pelez et râpez le gingembre. Rincez et ciselez la coriandre. Épluchez et hachez les gousses d'ail. Mélangez délicatement tous ces ingrédients avec la viande.
/ Dans un bol, mélangez le sucre, l'huile de sésame et la sauce soja. Versez cette sauce sur le tartare et mélangez. Réservez 30 minutes au frais.
/ Répartissez le tartare dans 4 assiettes et servez aussitôt.

Bon à savoir !
La version tartare au couteau change un peu, mais vous pouvez aussi réaliser cette recette avec de la viande hachée. Servez ce tartare avec une salade de cœurs de palmiers ou des nouilles sautées.

Tartare de bœuf aux herbes

Préparation
10 minutes

Sans cuisson

Ingrédients pour 4 personnes
800 g de bœuf haché du jour
3 oignons nouveaux
½ bouquet de ciboulette
½ bouquet de cerfeuil
2 cuillerées à soupe d'huile d'olive
2 cuillerées à café d'huile de noix
Sel et poivre du moulin

/ Rincez les herbes, séchez-les avec du papier absorbant et ciselez-les finement. Émincez les oignons et une petite partie de leur tige verte.

/ Mettez la viande hachée dans un plat creux. Salez et poivrez généreusement. Ajoutez les herbes et les oignons. Arrosez d'huile d'olive et d'huile de noix. Mélangez délicatement.

/ Reconstituez 4 steaks hachés. Dressez 1 tartare dans chaque assiette et servez aussitôt.

Bon à savoir !
Variez les herbes fraîches en fonction de celles que vous trouverez : persil plat, estragon, basilic, coriandre… Vous pouvez accompagner ce tartare d'une salade de tomates.

Tartare de bœuf du Sud

Préparation
10 minutes

Sans cuisson

Ingrédients pour 4 personnes
800 g de bœuf haché du jour
50 g d'olives vertes dénoyautées
1 cuillerée à soupe de tapenade noire
50 g de parmesan
1 gousse d'ail
2 cuillerées à soupe de persillade déshydratée
½ baguette de campagne
2 cuillerées à soupe d'huile d'olive + un peu pour la fin
1 cuillerée à soupe de vinaigre balsamique
Sel et poivre du moulin

/ Mettez la viande hachée dans un saladier. Coupez les olives en fines rondelles. Détaillez le parmesan en copeaux à l'aide d'un couteau économe.

/ Dans un bol, mélangez le vinaigre, l'huile d'olive et la tapenade. Salez et poivrez. Versez ce mélange sur la viande. Ajoutez la persillade, les olives et le parmesan. Mélangez délicatement.

/ Coupez la baguette en fines tranches et faites-les griller. Frottez-les avec la gousse d'ail coupée en deux et arrosez-les d'un filet d'huile d'olive.

/ Reconstituez 4 steaks hachés. Dressez 1 tartare dans chaque assiette et servez avec le pain grillé.

Bon à savoir !
Accompagnez ce tartare de cœurs de sucrines arrosés d'huile d'olive au citron.

Tartare de veau, courgette, citron confit

Préparation
10 minutes

Sans cuisson

Ingrédients pour 4 personnes
600 g de veau haché du jour
1 petite courgette bien ferme
½ citron confit
1 cuillerée à soupe d'huile d'olive
Sel et poivre du moulin

/ Lavez et séchez la courgette, puis râpez-la sur une grille pas trop fine ou coupez-la en fine julienne.
/ Taillez le citron confit en tout petits dés.
/ Mettez la viande hachée dans un plat creux. Ajoutez la courgette et les dés de citron confit. Salez et poivrez généreusement. Ajoutez l'huile d'olive et mélangez délicatement.
/ Reconstituez 4 steaks hachés et dressez 1 tartare dans chaque assiette.
/ Servez aussitôt.

Bon à savoir !
Si vous ne trouvez pas de citron confit, plongez 1 citron non traité entier dans une casserole d'eau froide, portez à ébullition et égouttez-le aussitôt. Jetez l'eau et recommencez deux fois cette opération. Accompagnez ce tartare de semoule ou de taboulé.

Tartare de veau aux olives

Préparation
15 minutes

Sans cuisson

Ingrédients pour 4 personnes
600 g de veau haché du jour
50 g d'olives vertes dénoyautées
50 g d'olives noires à la grecque
1 petite poignée de roquette
2 cuillerées à soupe d'huile d'olive
Sel et poivre du moulin

/ Émincez finement les olives vertes. Dénoyautez les olives noires et émincez-les également.
/ Mettez la viande hachée dans un plat creux. Salez et poivrez généreusement.
/ Ajoutez toutes les olives et l'huile d'olive. Mélangez délicatement.
/ Reconstituez 4 steaks hachés et dressez 1 tartare dans chaque assiette.
/ Décorez de feuilles de roquette et servez aussitôt.

Bon à savoir !
N'hésitez pas à varier les plaisirs en utilisant des huiles d'olive aromatisées au basilic, citron, piment d'Espelette... Vous pouvez servir ce tartare avec une salade de roquette ou une salade de pommes de terre et d'oignons nouveaux.

Tartare de speck au bleu et aux noisettes

Préparation
15 minutes

Sans cuisson

Ingrédients pour 4 personnes
400 g de speck coupé en tranches épaisses
100 g de bleu d'Auvergne
2 cuillerées à soupe de noisettes décortiquées
10 tomates cerises
2 branches de basilic
Poivre du moulin

/ Sur une planche, coupez les tranches de speck en petits dés à l'aide d'un couteau bien tranchant. Mettez-les dans un plat creux.
/ Coupez les tomates cerises en petits dés. Émiettez le bleu d'Auvergne à la fourchette.
/ Concassez grossièrement les noisettes. Rincez et ciselez le basilic.
/ Ajoutez tous ces ingrédients au speck, poivrez et mélangez délicatement.
/ Répartissez le tartare dans 4 jolis ramequins et servez aussitôt.

Bon à savoir !
Vous pouvez remplacer le speck par du bon jambon cru ou sec. Servez ce tartare avec une salade de pousses d'épinards.

Tartare de crevettes aux pamplemousses

Préparation
15 minutes + 10 minutes au frais

Sans cuisson

Ingrédients pour 4 personnes
600 g de grosses crevettes roses cuites et décortiquées
2 pamplemousses roses
1 petite poignée de roquette
12 mini-blinis
2 cuillerées à soupe de mayonnaise
1 cuillerée à soupe rase de ketchup
Poivre du moulin

/ Pelez les pamplemousses à vif : coupez les extrémités du pamplemousse de façon à faire apparaître la pulpe. Posez une des assises du fruit sur la planche et, avec un couteau bien aiguisé, découpez l'écorce de haut en bas en allant jusqu'à la chair afin d'enlever toute la membrane blanche amère. Prenez le pamplemousse en main et prélevez les quartiers en enlevant la peau (elle vient très facilement). Taillez la chair en petits dés. Mettez-les dans un saladier. Renouvelez l'opération avec l'autre pamplemousse.
/ Coupez les crevettes en rondelles. Rincez et ciselez finement la roquette.
/ Mélangez les crevettes, la roquette et le pamplemousse.
/ Dans un bol, mélangez la mayonnaise et le ketchup. Poivrez. Versez ce mélange sur le tartare et mélangez délicatement. Réservez 10 minutes au frais.
/ Pendant ce temps, toastez les blinis.
/ Répartissez le tartare dans 4 assiettes et servez accompagné de blinis.

Bon à savoir !
Vous pouvez remplacer les pamplemousses par 3 oranges. Servez ce tartare avec une salade de riz à l'avocat.

Tartare de Saint-Jacques, mangue et fenouil

Préparation
15 minutes + 10 minutes au frais

Sans cuisson

Ingrédients pour 4 personnes
12 noix de Saint-Jacques (sans corail) surgelées ou extra-fraîches
½ mangue
½ petit bulbe de fenouil
1 fruit de la passion
2 cuillerées à soupe d'huile d'olive
Sel et poivre du moulin

/ Si les noix de Saint-Jacques sont surgelées, coupez-les en dés sans les décongeler ; si elles sont fraîches, mettez-les 15 minutes au congélateur avant de les couper en dés. Réservez-les dans un bol au frais pour les laisser décongeler.
/ Pelez la mangue et coupez-la en petits dés. Émincez très finement le fenouil.
/ Mélangez délicatement le tout aux dés de Saint-Jacques. Salez et poivrez.
/ Ouvrez le fruit de la passion en deux et prélevez sa chair à la cuillère. Versez-la dans une petite passoire posée sur un bol pour récupérer le jus.
/ Mélangez le jus du fruit de la passion avec l'huile d'olive et versez ce mélange sur le tartare de Saint-Jacques. Réservez 10 minutes au frais.
/ Répartissez le tartare dans 4 jolis ramequins et servez aussitôt.

Bon à savoir !
Vous pouvez remplacer le fruit de la passion par 1 cuillerée à café de vinaigre de framboise.
Servez ce tartare avec une salade d'endives.

Tartare de Saint-Jacques, pommes de terre, noisettes

Préparation
15 minutes + 10 minutes au frais

Cuisson
15 minutes

Ingrédients pour 4 personnes
12 noix de Saint-Jacques (sans corail) surgelées ou extra-fraîches
150 g de pommes de terre à chair ferme et fondante
30 g de noisettes décortiquées
1 cuillerée à soupe d'huile de noisette
1 cuillerée à soupe d'huile d'olive
Sel et poivre du moulin

/ Plongez les pommes de terre dans une casserole d'eau froide salée. Portez à ébullition et faites cuire 15 minutes.

/ Pendant ce temps, si les noix de Saint-Jacques sont surgelées, coupez-les en dés sans les décongeler ; si elles sont fraîches, mettez-les 15 minutes au congélateur avant de les couper en dés. Mettez-les dans un bol au frais pour les décongeler.

/ Égouttez les pommes de terre, pelez-les et coupez-les en petits dés. Laissez-les refroidir et réservez-les au réfrigérateur.

/ Concassez grossièrement les noisettes et faites-les dorer à sec dans une poêle. Débarrassez-les sur une assiette et laissez-les refroidir.

/ Mélangez délicatement les noisettes, les dés de pommes de terre et les dés de Saint-Jacques. Salez et poivrez généreusement, puis ajoutez l'huile de noisette et d'olive.

/ Réservez 10 minutes au frais et servez sans attendre.

Bon à savoir !
Servez cette recette en entrée, dans des cuillères en porcelaine : effet assuré ! Vous pouvez accompagner ce tartare de mesclun assaisonné à l'huile de noisette.

Tartare de thon à la japonaise

Préparation
15 minutes + 30 minutes au frais

Sans cuisson

Ingrédients pour 4 personnes
600 g de thon rouge extra-frais ou surgelé
2 gousses d'ail
1 cm de gingembre frais
2 tiges de ciboule ou de cive
2 cuillerées à soupe de graines de sésame
1 cuillerée à café de jus de citron vert
2 cuillerées à soupe d'huile de sésame
1 cuillerée à café de sucre semoule
1 bonne pincée de sel

/ Si le thon est frais, placez-le 10 minutes au congélateur avant de le couper en dés ; s'il est surgelé, coupez-le en dés sans le décongeler. Mettez les dés de thon dans un plat creux.

/ Faites dorer les graines de sésame à sec dans une poêle en veillant à ce qu'elles ne brûlent pas. Débarrassez-les sur une assiette pour arrêter la cuisson.

/ Épluchez et hachez l'ail et le gingembre. Rincez et ciselez la ciboule.

/ Dans un bol, mélangez le jus de citron, le sucre, le sel, l'huile de sésame, l'ail et le gingembre. Versez ce mélange sur le poisson. Ajoutez la ciboule et les graines de sésame, puis mélangez délicatement. Réservez 30 minutes au frais.

/ Répartissez le tartare dans 4 assiettes et servez aussitôt.

Bon à savoir !
Vous pouvez remplacer le thon rouge par du thon blanc ou de l'espadon. Accompagnez ce tartare d'une salade de chou blanc et de concombre râpé assaisonnée à l'huile de sésame.

Tartare de cabillaud, avocats, lait de coco

Préparation
15 minutes + 15 minutes au frais

Sans cuisson

Ingrédients pour 4 personnes
600 g de filet de cabillaud extra-frais
2 beaux avocats (ou 3 petits)
10 cl de lait de coco
2 citrons verts
Sel et poivre du moulin

/ Pressez 1 citron vert.
/ Pelez les avocats, ôtez les noyaux et détaillez la chair en petits dés. Mettez-les dans un plat creux et arrosez-les de jus de citron vert. Mélangez délicatement.
/ Retirez soigneusement les arêtes du cabillaud et coupez-la chair en petits dés. Mélangez-les aux dés d'avocats. Salez et poivrez.
/ Râpez le zeste du second citron vert et parsemez-en le tartare. Arrosez de lait de coco et mélangez. Réservez 15 minutes au frais.
/ Répartissez le tartare dans 4 jolis bols et servez aussitôt.

Bon à savoir !
Vous pouvez faire cette recette avec du saumon frais à la place du cabillaud. Accompagnez ce tartare d'une purée de pommes de terre au lait de coco (remplacez la moitié du lait par du lait de coco).

Tartare de saumon, avocats, pomme verte

Préparation
15 minutes

Sans cuisson

Ingrédients pour 4 personnes
1 pavé de saumon de 200 g
2 avocats mûrs à point
1 pomme verte (granny smith)
15 brins de ciboulette
1 cuillerée à soupe de mayonnaise
Le jus de ½ citron
Sel et poivre du moulin

/ Retirez soigneusement les arêtes du saumon et coupez la chair en dés. Mettez-les dans un plat creux.
/ Rincez et ciselez finement la ciboulette. Lavez la pomme et coupez-la en quatre. Ôtez le cœur et les pépins, puis coupez chaque quartier en dés. Mélangez-les aux dés de saumon.
/ Incorporez la mayonnaise et la ciboulette au tartare. Salez, poivrez et réservez au frais.
/ Coupez les avocats en deux, retirez les noyaux, puis pelez délicatement chaque moitié. Arrosez-les aussitôt de jus de citron pour éviter que la chair noircisse.
/ Garnissez chaque demi-avocat de tartare de saumon. Servez aussitôt.

Bon à savoir !
Vous pouvez couper les avocats en dés et les mélanger au tartare. Cette recette est également délicieuse avec du cabillaud, du bar ou de la dorade. Accompagnez ce tartare d'une salade de concombres à la crème ciboulette.

Tartare de flétan au pistou

Préparation
10 minutes + 10 minutes au frais

Sans cuisson

Ingrédients pour 4 personnes
600 g de filet de flétan extra-frais
60 g de parmesan
1 gousse d'ail
2 cuillerées à soupe de pignons de pin
1 bouquet de basilic
15 cl d'huile d'olive
Sel et poivre du moulin

/ Préparez le pistou : rincez et effeuillez le basilic. Mixez les feuilles avec le parmesan coupé grossièrement en morceaux, la gousse d'ail épluchée et dégermée, les pignons de pin et un peu de sel et de poivre, tout en versant l'huile d'olive progressivement.

/ Coupez le filet de flétan en petits dés et mettez-les dans un plat creux.

/ Ajoutez le pistou au poisson et mélangez délicatement. Réservez 10 minutes au frais.

/ Répartissez le tartare dans 4 jolis bols et servez aussitôt.

Bon à savoir !
Ajustez le pistou selon votre goût en mettant plus ou moins d'ail, de pignons ou de basilic. Vous pouvez aussi réaliser un pistou de roquette ou de coriandre. Accompagnez ce tartare de pâtes au pistou ou aux épinards.

Tartare de haddock, fromage frais, aneth

Préparation
10 minutes

Sans cuisson

Ingrédients pour 4 personnes
150 g de filet de haddock
150 g de fromage frais
(type Chavrou®, St Môret®…)
5 brins d'aneth
1 baguette de campagne
Poivre du moulin

/ Écrasez le fromage frais à la fourchette. Rincez et ciselez l'aneth.

/ Retirez la peau et les arêtes du filet de haddock, puis coupez la chair en petits dés. Mettez-les dans un plat creux.

/ Mélangez les dés de haddock, le fromage frais et l'aneth ciselé à la fourchette. Poivrez généreusement mais ne salez pas.

/ Coupez la baguette en petits tronçons, puis faites-les griller au four ou au grille-pain.

/ Répartissez le tartare sur les morceaux de pain grillé et servez aussitôt.

Bon à savoir !
Cette recette est également délicieuse avec du saumon fumé coupé en petits dés. Vous pouvez décorer le tartare d'œufs de saumon ou de truite et le servir accompagné d'une salade verte.

Tartare de poivrons et brousse à l'huile d'argan

Préparation
10 minutes

Sans cuisson

Ingrédients pour 4 personnes
1 petit poivron rouge
1 petit poivron jaune
200 g de brousse
2 cuillerées à soupe de pignons de pin
1 cuillerée à soupe de persillade déshydratée
1 cuillerée à soupe de miel liquide
3 cuillerées à soupe d'huile d'argan
Sel et poivre du moulin

/ Mettez la brousse dans un bol. Ajoutez la persillade, le miel et l'huile d'argan. Salez, poivrez et mélangez le tout à la fourchette.

/ Lavez et séchez les poivrons. Coupez-les en deux, ôtez les graines et les membranes, puis détaillez la chair en tout petits dés.

/ Dans 4 verrines, répartissez les dés de poivrons et la brousse en alternant les couches et en terminant par une couche de brousse. Parsemez de pignons de pin et servez bien frais.

Bon à savoir !
Servez cette recette en entrée. Vous pouvez remplacer la persillade par de la ciboulette ciselée. Si vous avez le temps, passez les poivrons sous le gril du four et pelez-les avant de les couper en dés.

Tartare de radis noirs, ricotta et olives

Préparation
10 minutes + 10 minutes au frais

Sans cuisson

Ingrédients pour 4 personnes
2 radis noirs
250 g de ricotta
20 olives noires dénoyautées
1 cuillerée à soupe d'huile d'olive
Sel et poivre cinq baies

/ Épluchez les radis noirs et râpez-les. Émincez finement les olives. Écrasez la ricotta à l'aide d'une fourchette.

/ Mettez tous les ingrédients dans un saladier. Salez, poivrez généreusement, puis arrosez d'huile d'olive. Mélangez bien le tout et réservez 10 minutes au frais.

/ Répartissez le tartare dans 4 assiettes et servez aussitôt.

Bon à savoir !
Cette recette peut être servie aussi bien en entrée qu'en accompagnement d'une viande froide ou comme base d'un sandwich aux crudités.

Tartare de courgette, tomates confites et feta

Préparation
15 minutes

Cuisson
6 minutes

Ingrédients pour 4 personnes
½ courgette bien ferme
150 g de tomates confites
150 g de feta aux herbes de Provence
4 œufs frais
Poivre du moulin

/ Lavez et séchez la courgette. Coupez-la en deux dans la longueur, puis en tout petits dés.
/ Égouttez les tomates et la feta. Coupez-les également en tout petits dés.
/ Mettez les dés de courgette, de tomates et de feta dans un plat creux. Poivrez généreusement et mélangez.
/ Plongez délicatement les œufs dans une casserole d'eau bouillante et laissez-les pocher 5 à 6 minutes selon leur taille. Passez-les sous l'eau froide et écalez-les. Coupez chaque œuf en deux.
/ Répartissez le tartare dans 4 assiettes et ajoutez les œufs mollets. Servez aussitôt.

Bon à savoir !
Servez ce tartare en entrée ou à l'apéritif sur des tartines de pain grillé légèrement frottées à l'ail. Vous pouvez remplacer les tomates confites par un mix tomates fraîches-tomates séchées.

Tartare d'asperges, fèves et parmesan

Préparation
10 minutes + 15 minutes au frais

Cuisson
5 minutes

Ingrédients pour 4 personnes
1 botte d'asperges vertes
150 g de fèves pelées surgelées
60 g de parmesan
4 cuillerées à soupe de pignons de pin
1 bouquet de basilic
1 gousse d'ail
15 cl d'huile d'olive
Sel et poivre du moulin

/ Préparez le pistou : rincez et effeuillez le basilic. Mixez les feuilles avec le parmesan coupé grossièrement, la gousse d'ail épluchée et dégermée, 2 cuillerées à soupe de pignons de pin, un peu de sel et de poivre tout en versant l'huile d'olive progressivement.

/ Rincez les asperges et coupez-les en deux pour ne garder que les pointes.

/ Portez deux casseroles d'eau salée à ébullition. Dans l'une, plongez les fèves pelées et dans l'autre, les pointes d'asperges. Laissez cuire le tout 5 minutes, puis égouttez.

/ Coupez les pointes d'asperges en petites rondelles. Mettez-les dans un plat creux et ajoutez les fèves.

/ Dans une poêle sans matière grasse, faites dorer le reste des pignons de pin à feu doux.

/ Ajoutez les pignons et le pistou aux asperges et aux fèves. Mélangez délicatement le tout et réservez 15 minutes au frais.

/ Répartissez le tartare dans de jolis bols et servez aussitôt.

Bon à savoir !
Servez ce tartare en entrée ou en accompagnement d'une viande grillée. Vous pouvez remplacer les 15 cl d'huile d'olive par 5 cl d'huile de noisette et 10 cl d'huile d'olive.

Tartare de crudités au fromage frais

Préparation
10 minutes

Sans cuisson

Ingrédients pour 4 personnes
4 petits bouquets de chou-fleur
6 radis roses
½ carotte
1 morceau de concombre de 10 cm
3 mini-épis de maïs
2 oignons nouveaux
200 g de fromage frais
(type Petit Billy®)
3 cuillerées à soupe d'huile d'argan
ou d'huile d'olive bien fruitée
Sel et poivre du moulin

/ Émincez les mini-épis de maïs. Épluchez et émincez finement les oignons. Rincez tous les légumes (pelez la carotte) et taillez-les en petits dés ou en très fines lamelles. Mélangez le tout dans un plat creux.

/ Démoulez le fromage. Sur chaque assiette, déposez 1 quart de fromage. Répartissez les crudités sur le dessus et autour. Salez, poivrez et arrosez d'huile.

/ Servez aussitôt en entrée ou au moment du fromage.

Bon à savoir !
N'hésitez pas à varier les crudités et à utiliser toutes sortes d'herbes fraîches : ciboulette, cerfeuil, basilic…

Tartare d'artichauts, pommes de terre et tapenade

Préparation
15 minutes

Cuisson
20 minutes

Ingrédients pour 4 personnes
4 fonds d'artichauts surgelés
250 g de pommes de terre
à chair ferme et fondante
(type charlotte, amandine...)
1 cuillerée à soupe de tapenade noire
2 cuillerées à soupe d'oignons
frits déshydratés
15 brins de ciboulette
2 cuillerées à soupe d'huile d'olive
Sel et poivre du moulin

/ Plongez les pommes de terre avec leur peau dans une casserole d'eau froide salée. Portez à ébullition et laissez cuire 10 à 15 minutes selon leur taille. Égouttez-les, pelez-les et laissez refroidir.

/ Faites cuire les fonds d'artichauts dans une casserole d'eau bouillante salée pendant 10 minutes. Égouttez et laissez refroidir.

/ Coupez les pommes de terre et les artichauts en dés. Mettez le tout dans un plat.

/ Rincez et ciselez la ciboulette. Dans un bol, mélangez la tapenade et l'huile d'olive. Poivrez et ajoutez la ciboulette. Versez sur les pommes de terre et les artichauts, puis mélangez délicatement.

/ Répartissez le tartare dans 4 jolies assiettes en le moulant dans un cercle. Parsemez d'oignons frits et servez aussitôt.

Bon à savoir !
Cette recette est parfaite en entrée. Vous pouvez remplacer les oignons frits par du bacon frit et émietté. Servez avec une salade verte.

Tartare de tomates, mozzarella et abricots secs

Préparation
10 minutes + 10 minutes au frais

Sans cuisson

Ingrédients pour 4 personnes
3 tomates grappe
1 boule de mozzarella di Bufala
5 abricots secs
1 cuillerée à soupe de persillade déshydratée
1 cuillerée à café de vinaigre balsamique
1 cuillerée à soupe d'huile d'olive
Sel et poivre du moulin

/ Rincez les tomates et coupez-les en quatre. Épépinez-les et coupez-les en petits dés.
/ Coupez la mozzarella égouttée et les abricots secs en petits dés.
/ Mettez tous les ingrédients ci-dessus dans un plat creux. Salez, poivrez, parsemez de persillade, puis arrosez d'huile d'olive et de vinaigre. Mélangez délicatement et réservez 10 minutes au frais.
/ Répartissez le tartare dans 4 assiettes et servez aussitôt.

Bon à savoir !
Vous pouvez remplacer la persillade par 1 échalote et quelques feuilles de basilic frais finement ciselées. Servez cette recette en accompagnement d'un carpaccio de bœuf.

Tartare d'avocats et champignons

Préparation
10 minutes + 10 minutes au frais

Sans cuisson

Ingrédients pour 4 personnes
2 avocats
150 g de champignons de Paris bien blancs
50 g de mélange de graines pour salades (tournesol, pignons…)
Le jus de ½ citron jaune
½ bouquet de ciboulette
2 cuillerées à soupe d'huile d'olive
Sel et poivre du moulin

/ Coupez les avocats en deux et retirez les noyaux. Épluchez les avocats, coupez-les en dés et mettez-les dans un plat. Arrosez-les aussitôt de jus de citron pour éviter qu'ils noircissent.

/ Rincez et ciselez la ciboulette. Nettoyez les champignons sous un filet d'eau froide après avoir ôté les pieds et séchez-les avec du papier absorbant. Coupez-les en dés et mélangez-les aux avocats.

/ Arrosez d'huile d'olive, puis parsemez de ciboulette et de graines. Salez, poivrez et mélangez délicatement. Réservez 10 minutes au frais.

/ Répartissez le tartare dans 4 assiettes et servez aussitôt.

Bon à savoir !
Servez ce tartare en entrée ou à l'apéritif en petites verrines.

Tartare de mangue, ananas et spéculoos

Préparation
10 minutes + 10 minutes au frais

Sans cuisson

Ingrédients pour 4 personnes
1 mangue mûre à point
½ ananas Victoria
6 spéculoos
½ cuillerée à café de cannelle en poudre

/ Pelez la mangue et l'ananas. Retirez les yeux (petites taches marron) et le cœur de l'ananas. Coupez la chair des fruits en petits dés et mettez-les dans un plat.
/ Saupoudrez les dés de fruits de cannelle, mélangez et réservez 10 minutes au frais.
/ Répartissez le tartare dans 4 assiettes en le moulant dans un cercle.
/ Parsemez de spéculoos grossièrement émiettés et servez aussitôt.

Bon à savoir !
Accompagnez ce tartare de sorbet au citron. Vous pouvez remplacer l'ananas frais par 4 tranches d'ananas au sirop bien égouttées.

Tartare de pruneaux et kiwis à la vanille

Préparation
10 minutes

Sans cuisson

Ingrédients pour 4 personnes
12 pruneaux
4 kiwis
½ gousse de vanille
4 yaourts nature ou à la vanille

/ Pelez les kiwis et coupez-les en dés. Dénoyautez les pruneaux et coupez-les en petits morceaux. Mettez le tout dans un plat creux.
/ Fendez la gousse de vanille et grattez les graines au-dessus du plat à l'aide de la pointe d'un couteau. Mélangez délicatement.
/ Répartissez le tartare de fruits dans 4 petites coupelles.
/ Servez en accompagnement des yaourts.

Bon à savoir !
Pour une petite touche croquante, ajoutez ½ pomme coupée en dés au tartare.

Tartare de poires et fruits secs au gingembre

Préparation
10 minutes

Sans cuisson

Ingrédients pour 4 personnes
2 poires (ou 4 demi-poires au sirop)
4 abricots secs
1 cuillerée à soupe de cranberries séchées
1 cuillerée à soupe de dés d'ananas séché
1 cuillerée à soupe de dés de papaye séchée
1 cm de gingembre frais

/ Pelez les poires, ôtez le cœur et coupez-les en dés. Mettez-les dans un plat creux.
/ Coupez les abricots secs en dés. Ajoutez-les aux poires avec les dés d'ananas et de papaye.
/ Pelez le gingembre et râpez-le ou hachez-le finement. Ajoutez-le aux dés de fruits avec les cranberries, puis mélangez délicatement.
/ Répartissez le tartare dans 4 petites coupelles et servez.

Bon à savoir !
Accompagnez ce tartare de crème glacée à la pistache ou de sorbet à la poire et de tuiles aux amandes.

Tartare de mangue au citron vert et palets bretons

Préparation
10 minutes + 15 minutes au frais

Cuisson
5 minutes

Ingrédients pour 4 personnes
1 mangue mûre à point
1 citron vert
6 palets bretons
50 g d'amandes émondées

/ Concassez grossièrement les amandes et faites-les dorer à sec dans une poêle à feu doux. Mettez-les sur une assiette pour arrêter la cuisson.

/ Pelez la mangue et coupez-la en petits dés. Mettez-les dans un plat creux.

/ Rincez et séchez le citron. Râpez le zeste au-dessus du plat. Pressez le citron et versez le jus sur les dés de mangue.

/ Ajoutez les amandes grillées et mélangez délicatement. Réservez 15 minutes au frais.

/ Émiettez les palets bretons et répartissez-les dans le fond de 4 verrines. Recouvrez de tartare de mangue et servez aussitôt.

Bon à savoir !
Vous pouvez parfumer le tartare avec 1 cuillerée à café de sirop de canne et 1 cuillerée à soupe de rhum blanc.

Tartare de pêches et de pistaches au coulis de fruits rouges

Préparation
10 minutes + 15 minutes au frais

Sans cuisson

Ingrédients pour 4 personnes
4 pêches mûres à point
50 g de pistaches vertes émondées
15 cl de coulis de fruits rouges

/ Pelez les pêches, coupez-les en deux, puis en petits dés. Mettez-les dans un plat.
/ Concassez grossièrement les pistaches et parsemez-en les dés de pêches.
/ Arrosez de coulis de fruits rouges et mélangez délicatement. Réservez 15 minutes au frais.
/ Répartissez le tartare dans 4 petits ramequins et servez aussitôt.

Bon à savoir !
Vous pouvez ajouter un peu de basilic ciselé au tartare. Accompagnez cette recette d'une glace à la pistache ou d'un sorbet à la framboise.

Tartare d'abricots et semoule aux amandes

Préparation
15 minutes

Cuisson
2 minutes

Ingrédients pour 4 personnes
12 abricots frais (ou 1 boîte 4/4 d'abricots au sirop)
½ verre de semoule fine
50 g d'amandes émondées
½ verre de nectar d'abricot (utilisez le même verre que pour la semoule)
1 pointe de couteau de cannelle en poudre
10 g de beurre

/ Rincez les abricots, coupez-les en deux, puis en dés.
/ Concassez grossièrement les amandes. Dans une poêle, faites-les griller à sec jusqu'à ce qu'elles soient dorées.
/ Versez la semoule, le nectar d'abricot et la cannelle dans un plat allant au micro-ondes. Laissez gonfler 5 minutes, puis faites chauffer au micro-ondes 1 minute à puissance maximale. Mélangez à la fourchette et faites cuire à nouveau 1 minute au micro-ondes. Ajoutez le beurre et égrenez à nouveau la semoule à la fourchette.
/ Incorporez les amandes et les abricots à la semoule. Laissez refroidir.
/ Répartissez le tartare dans 4 assiettes et servez.

Bon à savoir !
Si vous n'avez pas de micro-ondes, portez le nectar d'abricot à ébullition dans une casserole, versez-le sur la semoule, couvrez et laissez gonfler.
Vous pouvez ajouter de la menthe fraîche ciselée au tartare.

Tartare de fruits rouges au pastis

Préparation
15 minutes + 30 minutes de marinade

Sans cuisson

Ingrédients pour 4 personnes
200 g de fraises
150 g de framboises
150 g de myrtilles
4 étoiles de badiane
½ cuillerée à café de pastis
2 cuillerées à soupe de crème fraîche épaisse
2 cuillerées à soupe de sirop de canne
1 cuillerée à café bombée de sucre semoule

/ Rincez rapidement les fraises et les myrtilles sous l'eau fraîche. Essuyez les framboises avec du papier absorbant humidifié. Équeutez les fraises et coupez-les en petits morceaux. Si les framboises sont grosses, coupez-les en deux.

/ Mettez tous les fruits dans un plat creux.

/ Dans un bol, mélangez le sirop de canne et le pastis. Versez sur les fruits et mélangez. Laissez mariner 30 minutes au frais.

/ Répartissez le tartare dans 4 jolies tasses.

/ Fouettez la crème et le sucre.

/ Ajoutez 1 cuillerée à café de crème fouettée sur chaque tasse et décorez d'une étoile de badiane. Servez aussitôt.

Bon à savoir !
Vous pouvez remplacer le mélange sirop de canne-pastis par 3 cuillerées à soupe de sirop d'orgeat ; dans ce cas, remplacez aussi la badiane par des amandes effilées grillées.

Équivalences

MESURES LIQUIDES

SYSTÈME MÉTRIQUE	SYSTÈME AMÉRICAIN	AUTRE NOM
5 ml	1 cuillère à thé (cuillère à café française)	
15 ml	1 cuillère à table (cuillère à soupe française)	
35 ml	1/8 cup (tasse française)	1 oz (ou once)
65 ml	1/4 cup ou 1/4 grand verre	2 oz
125 ml	1/2 cup ou 1/2 grand verre	4 oz
250 ml	1 cup ou 1 grand verre	8 oz
500 ml	2 cups ou 1 pinte	
1 litre	4 cups ou 2 pintes	

MESURES SOLIDES

SYSTÈME MÉTRIQUE	SYSTÈME AMÉRICAIN	AUTRE NOM
30 g	1 oz	
55 g	1/8 lbs	2 oz
115 g	1/4 lbs	4 oz
170 g	3/8 lbs	6 oz
225 g	1/2 lbs	8 oz
454 g	1 livre	16 oz

CHALEUR DU FOUR

CHALEUR	° CELSIUS	THERMOSTAT	° FAHRENHEIT
Très doux	70 °C	Th. 2-3	150 °F
Doux	100 °C	Th. 3-4	200 °F
	120 °C	Th. 4	250 °F
Moyen	150 °C	Th. 5	300 °F
	180 °C	Th. 6	350 °F
Chaud	200 °C	Th. 6-7	400 °F
	230 °C	Th. 7-8	450 °F
Très chaud	260 °C	Th. 8-9	500 °F

...dans la même collection

- Craquez pour Bali !
- Craquez pour la banane !
- Craquez pour les barres céréales !
- Craquez pour les brochettes !
- Craquez pour les charlottes !
- Craquez pour le chocolat !
- Craquez pour les crèmes maison !
- Craquez pour la crème de marrons !
- Craquez pour les crevettes !
- Craquez pour le croque-monsieur !
- Craquez pour la cuisine des ch'tis !
- Craquez pour les cupcakes !
- Craquez pour les desserts en cocotte !
- Craquez pour le foie gras !
- Craquez pour les gâteaux renversés !
- Craquez pour les graines germées !
- Craquez pour les lasagnes !
- Craquez pour les moelleux salés !
- Craquez pour les moelleux sucrés !
- Craquez pour la noix de coco !
- Craquez pour les œufs cocotte !
- Craquez pour le pain grillé !
- Craquez pour le Petit Billy !
- Craquez pour les petits biscuits !
- Craquez pour les petits farcis !
- Craquez pour les petites mousses !
- Craquez pour les sablés !
- Craquez pour les Saint-Jacques !
- Craquez pour la sardine !
- Craquez pour les sauces et marinades !
- Craquez pour le surimi !
- Craquez pour les terrines !
- Craquez pour le tiramisu !
- Craquez pour les wraps !
- Craquez pour les yaourts !

Édition : Barbara Sabatier et Aurélie Cazenave - Maquette : Natacha Marmouget et Chantal Tuaud
Fabrication : Thierry Dubus et Florence Bellot
N° d'édition : M10152 - Code MDS : 73587 - ISBN : 9782842708450
Photogravure : Alliage
Achevé d'imprimer en août 2010 par Gruppo Editoriale Zanardi - Italie
Dépôt légal : mai 2009 - Édition N°4